ELLEN MOSCHITZ

Kreuzstich Ethnomuster

Ellen Moschitz

Kreuzstich Ethnomuster

Borten und Einzelmotive

Farbige Zählvorlagen

Augustus Verlag

Inhalt

5 **Gedanken zur Einstimmung**

6 **Material und Technik**
6 Stickgrund, Garn und Nadel
6 Der Kreuzstich

9 **Geschenke – nicht nur für Globetrotter**
10 Buchhüllen und Lesezeichen
14 Einkaufstaschen aus Rupfen
16 Umhängetaschen
19 Originelle Flaschenverpackungen

25 **Ein Hauch von Exotik im ganzen Haus**
26 Badezimmerset für Herrn
28 Zwei Küchentücher
31 Stuhl und Fußschemel
32 Zwei Stuhlkissen
34 Kissen mit bestickter Schärpe

36 **Die Welt zu Tisch**
37 Mitteldecke mit Irrgartenmuster
38 Mitteldecke mit keltischem Motiv
41 Mitteldecke und Tischset
42 Zwei Sets mit Serviettentaschen
44 Drei Tischläufer

48 Bezugsquellen
48 Impressum

Gedanken zur Einstimmung

Der größte Vorzug eines Bildes ist es, den Augen ein Fest zu geben.

Diesen Ausspruch des französischen Malers Eugène Delacroix (1798 – 1863) möchte ich abgewandelt auf meine Stickereien beziehen und zum Motto dieses Buches machen.

Sticken ist eine von Tradition und Symbolik geprägte Handarbeit und wird seit Jahrtausenden in vielen Kulturen der Welt gepflegt. Die größtenteils sehr farbenfrohen Kreationen begeistern nicht nur all jene, die gern sticken, sondern finden auch vermehrtes Interesse bei Textildesignern, Modeschöpfern und Innenarchitekten. Auch ich habe mich von der Volkskunst Afrikas und Südamerikas, aber auch der Balkanländer zu den Entwürfen inspirieren lassen, die ich Ihnen in diesem Buch vorstelle.

Dabei wünsche ich mir, liebe Leserin, lieber Leser, daß Sie schon nach flüchtigem Durchblättern – von meinen Mustern animiert – spontan zu Nadel und Faden greifen und das eine oder andere Modell nachsticken.

Beim Betrachten dieses Buches werden Sie schnell feststellen, daß meine Muster auf geometrischen Formen basieren, deren Ursprünge zum Teil auf alte Mythen zurückgehen: Dreieck, Zickzack, Rhombus …

So ist zum Beispiel von Indien bis Marokko noch heute das Dreieck ein Amulett für Menschen und Tiere. In der Reihe wird es zum Zickzack- oder Winkelmuster – Symbole für Wasser und Schlange, die man schon auf prähistorischen Keramiken findet. Verdoppelt man die Dreiecke, entsteht daraus der Rhombus. Eine der Bedeutungen dieses griechischen Begriffs ist auch »magischer Kreis«.

Doch ob Sie nun der Bedeutung alter Formen und Symbole nachspüren oder einfach Freude an den kräftigen Farben und klaren Formen haben – es gibt zahllose Möglichkeiten, alltägliche Gegenstände mit den Motiven und Borten aus diesem Buch individuell zu gestalten, ja ihnen einen Hauch Exotik zu verleihen.

Geübte und Erfahrene unter Ihnen bekommen angesichts der schier unbegrenzten Möglichkeiten der geometrischen Formen sicher Lust, eigene Muster zu kreieren.

Viel Vergnügen dabei!

Ein herzliches Dankeschön sage ich Renate Hellmann für ihre zuverlässige Mitarbeit an diesem Buch.

Deine Ausdauer ist bewundernswert, liebe Renate!

Material und Technik

Stickgrund, Garn und Nadel

Für den Kreuzstich verwendet man grundsätzlich Zählstoffe – meist aus Baumwolle oder Leinen –, die im Fachhandel in großer Auswahl erhältlich sind. Je gröber der Stoff gewebt ist, desto größer wird das Muster. Auf feinerem Stoff erscheint das gleiche Motiv kleiner. Wichtig ist deshalb die Anzahl der Fäden pro Zentimeter. Für Anfänger besonders leicht zu besticken sind die sogenannten Aida-Stoffe, bei denen Ein- und Ausstichstellen als kleine Löcher zu erkennen sind. Bei gröberen Baumwoll- oder Leinenstoffen kommen etwa sechs bis neun Fäden auf einen Zentimeter, bei feineren Stoffen zehn und mehr. Fünf oder weniger Fäden pro Zentimeter ergeben eine äußerst rustikale Struktur, zum Beispiel bei Rupfenstoffen (siehe Einkaufstaschen auf Seite 14f. und Umhängetäschchen auf Seite 16ff.), was aber bisweilen als Effekt durchaus erwünscht ist.

Für Schleifen und Tischbänder, aber auch zum Aufnähen auf fertige Wäschestücke gibt es Bänder aus Zählstoffen in vielen Farben und Breiten zu kaufen. Viele von ihnen sind am Rand mit einem farbigen Webstreifen verziert. Wie die Zählstoffe werden auch die Stickbänder in vielen Qualitäten und Strukturen angeboten. Besonders edel wirken stets Bänder aus echtem Leinen.

Besonders praktisch sind fertig konfektionierte Handtücher, Sets, oder Tischdecken, die entweder ganz in zählbarer Struktur gewebt sind oder einzelne Felder oder Streifen enthalten, auf denen sich die Stiche auszählen lassen. Als Kontrast habe ich außerdem bei einigen Modellen für dieses Buch bunt bedruckte Baumwollstoffe als Futter verwendet.

Die Stärke des Stickfadens richtet sich immer nach der Stärke des Zählstoffes: je feiner der Untergrund, desto dünner das Garn. Sticktwist können Sie ganz nach Bedarf teilen und zum Beispiel zwei- oder dreifädig verwenden.

Es empfiehlt sich, mit einer stumpfen Nadel zu sticken, vor allem dann, wenn Sie den Stoff über den Zeigefinger der linken Hand legen. Arbeiten Sie mit einem Stickrahmen, können Sie auch eine spitze Nadel verwenden. Achten Sie aber auch dann darauf, in die Zwischenräume zwischen den Gewebefäden einzustechen und nicht die Fäden des Zählstoffs zu spalten. Wählen Sie die Nadelstärke passend zu Garn und Stoff aus. Feinere Stickereien arbeiten Sie mit Nadeln Nr. 24 oder 26, gröbere mit Nadeln Nr. 20 oder 22.

Der Kreuzstich

Der Kreuzstich umfaßt gewöhnlich 2 x 2 Gewebefäden. Anders verfährt man beim Aida-Gewebe: Hier sticht die Nadel in jedes gut sichtbare Loch des Materials.

Als »goldene Regel« beim Kreuzstich sollte man beherzigen: Die Kreuze müssen immer in eine Richtung verlaufen. Das heißt die Unterstiche werden stets von links unten nach rechts oben gestickt, dann folgt die Rückreihe mit den Deckstichen von rechts unten nach links oben (siehe Zeichnung). Bei schräg verlaufenden Reihen wird jeder Stich einzeln fertiggestellt, aber auch dann müssen jeweils alle Grundstiche in die eine und alle Deckstiche in die andere Richtung weisen. Im Grunde eine einfache Technik, die letztlich auch jeder nach eigenem Gusto handhaben kann, denn entscheidend ist die Wirkung der fertigen Arbeit.

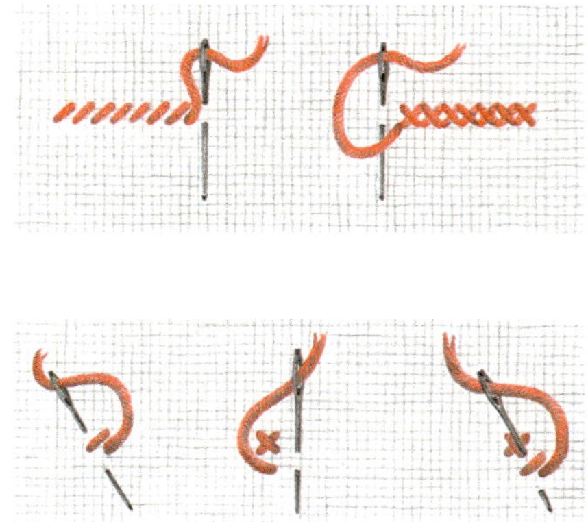

Wie beginnen? Ich ermittle durch Falten über die Diagonalen die Mitte des Stoffes. Von diesem Mittelpunkt aus zähle ich dann bis zu der Stelle, an der das Motiv begonnen werden soll. Bei Stickbändern müssen Sie die Stichzahl in Höhe und Breite des Motivs auszählen und das Muster entsprechend auf dem Schleifenband anordnen.

Die fertige Arbeit sollte man auf der Rückseite leicht bügeln. Hilfreich ist dabei ein wenig Sprühstärke.

Herde
114

Geschenke – nicht nur für Globetrotter

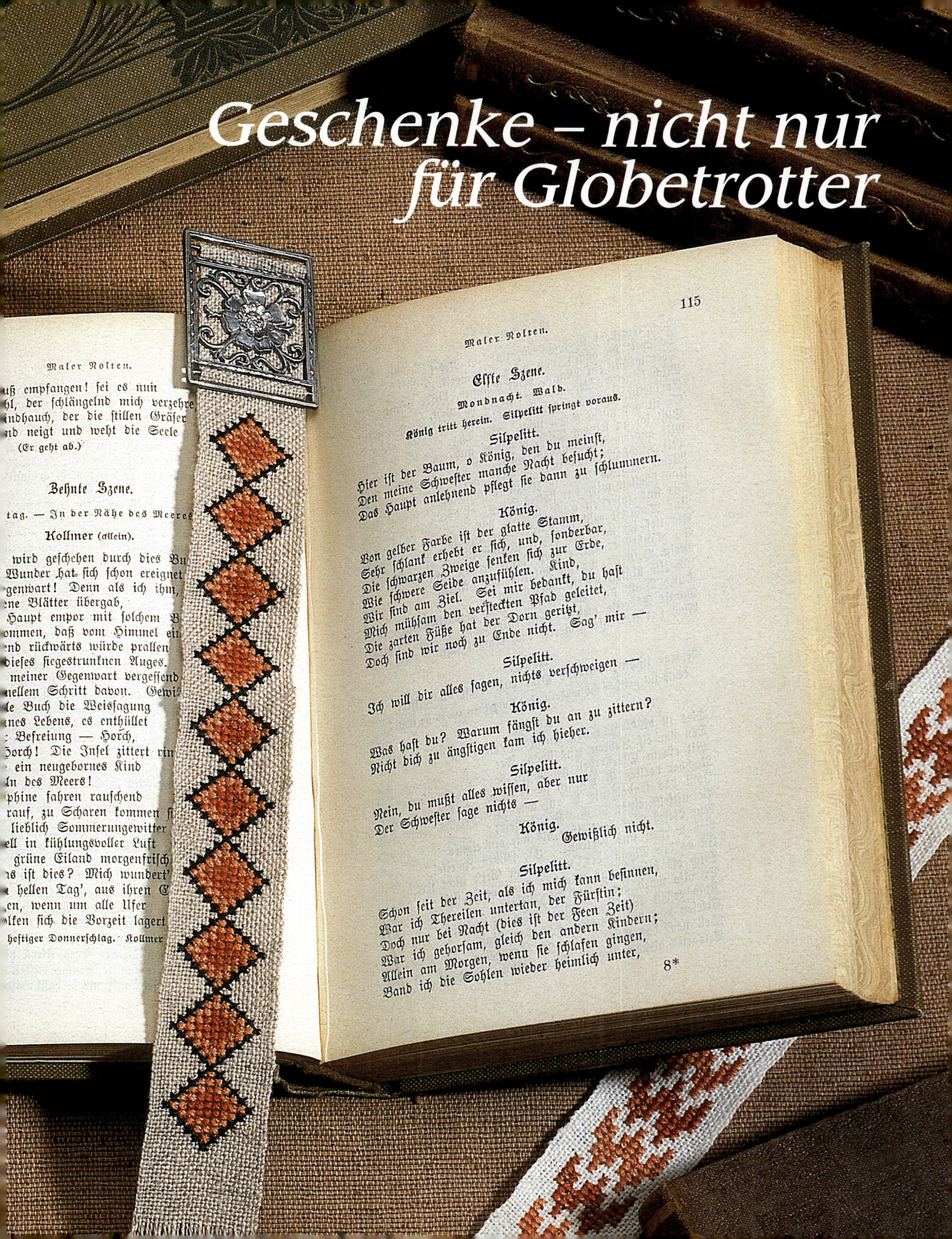

Buchhüllen und Lesezeichen

Von den vielen Welten, die der Mensch nicht von der Natur geschenkt bekam, sondern sich aus dem eigenen Geist erschaffen hat, ist die Welt der Bücher die größte.

Hermann Hesse

Material
Buchhüllen:
Leinen, 10–12 Fäden/cm
Anchor-Sticktwist: dreifädig (Farben siehe Angaben beim Zählmuster)
Baumwollstoff als Futter

Lesezeichen:
Leinenband, 12 Fäden/cm
Zinnbeschläge *(Schaper)*
Anchor-Sticktwist: zweifädig (Farben siehe Angaben beim Zählmuster)

Buchhüllen sind ein liebenswertes Geschenk für Leseratten, aber auch ein schönes und nützliches Accessoire auf dem eigenen Schreibtisch.

Die Größe richtet sich natürlich immer nach dem Buch, das umhüllt werden soll. Ganz einfach findet man die richtigen Maße heraus, indem man mit dem zu bestickenden Material das Buch einschlägt und mit Nadeln die Flächen markiert, die bestickt werden sollen. Das hier verwendete Futter ist aus Baumwolle.

Wählen Sie zwischen zwei Gestaltungsmöglichkeiten: Bei der vorderen Buchhülle wurde die bestickte Außenseite aus Zählstoff mit dem Futterstoff abgesetzt. Die Zahl der Musterwiederholungen ist je nach Buchgröße variabel. Sticken Sie entsprechend viele Mustersätze nebeneinander und -reihen übereinander. Der rostfarbene Umschlag hat nur ein

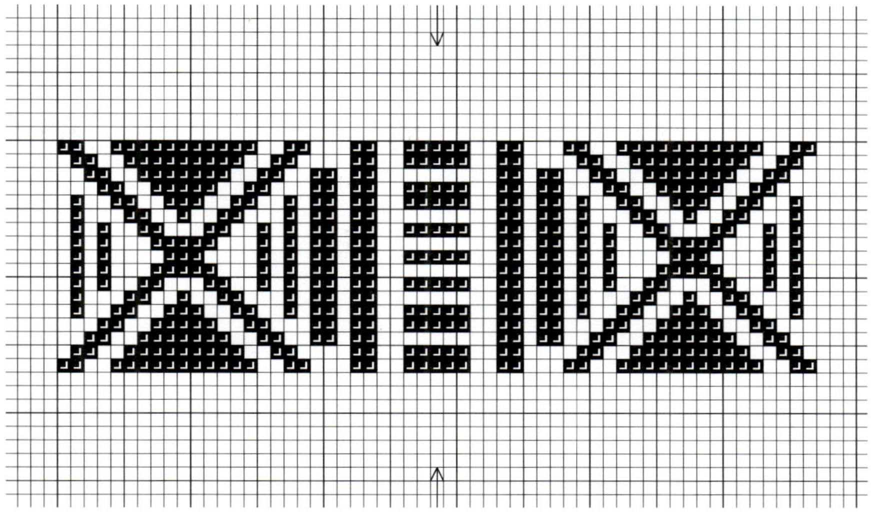

868	340
1007	371
338	403

Schmuckfeld aus besticktem Zählstoff. So läßt sich das Stickfeld für ganz unterschiedliche Buchgrößen nützen.

Details aus den Mustern für die beiden Buchhüllen: Erkennen Sie die Mustersätze wieder?

Ein edles Lesezeichen ergänzt die bestickte Buchhülle perfekt. Hier sind sechs Vorschläge. Die Zinnbeschläge und das Leinenband vom Foto können Sie bestellen (siehe Bezugsquellen, Seite 48). Selbstverständlich können Sie aber auch andere Bänder verwenden und die Abschlüsse nach Belieben säumen oder ausfransen.

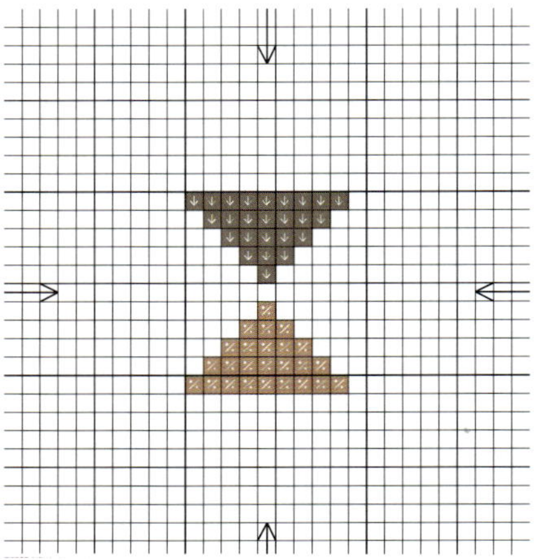

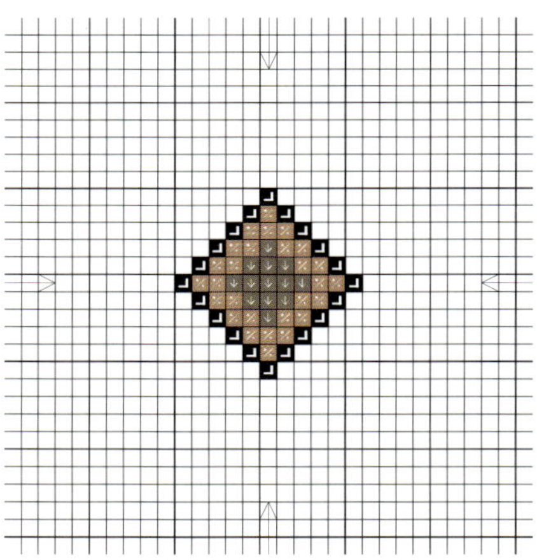

338
370
403

338
371

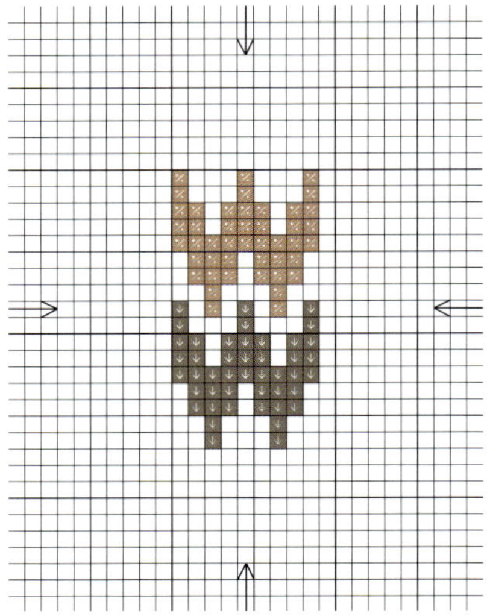

338
370

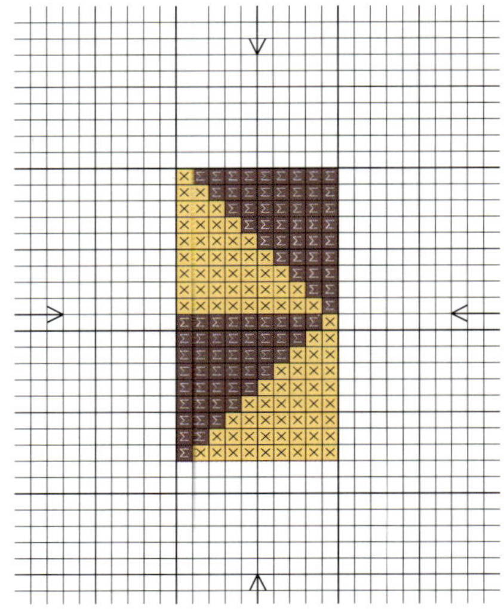

305
1005

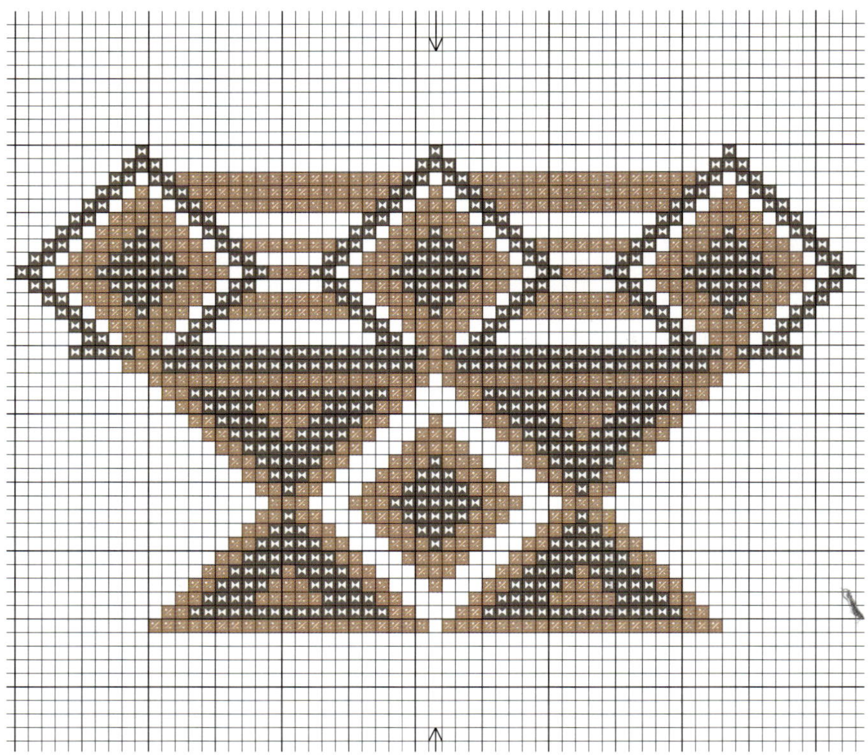

Das Zählmuster zeigt den oberen und mittleren Teil des Musters. Der untere Teil entspricht dem oberen, allerdings ist die Hauptfarbe der Querverbindungen Braun (371) statt Rost (338).

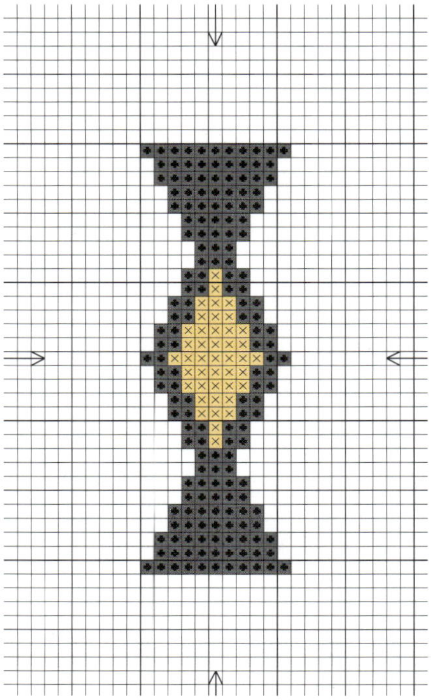

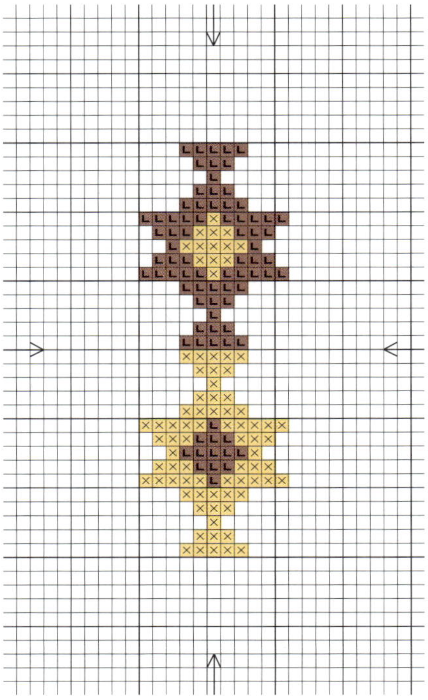

✕	305
●	217
✕	305
∟	47

Einkaufstaschen aus Rupfen

Material
Edelrupfen (Maße nach gewünschter Taschengröße)
Anchor-Sticktwist: sechsfädig (Farben siehe Angaben beim Zählmuster)
Baumwollstoff als Futter

So macht das Einkaufen richtig Spaß! Beide Taschen sind mit demselben Motiv bestickt, das durch die unterschiedliche Farbgebung jedesmal anders wirkt.

Es muß nicht immer edles Leinen sein – auch rustikales Material wie dieser Edelrupfen (als Meterware im Fachhandel zu kaufen) läßt sich mit Kreuzstich interessant gestalten. Füttern Sie den Rupfen mit buntem Baumwollstoff ab, und bringen Sie stabile Trageschlaufen an, dann haben Sie eine ausgefallene Einkaufstasche, um die man Sie beneiden wird. Die Taschen eignen sich

aber auch als außergewöhnliche Verpackung für ein Geschenk, über die sich der Empfänger sicher mindestens ebenso freuen wird wie über den Inhalt.

Nähen Sie die Taschen in der Größe, die Ihnen am praktischsten erscheint. Die blau gefütterte Tasche auf dem Foto ist 42 x 48 cm groß, die andere Tasche hat die Maße 33 x 45 cm.

Umhängetaschen

Material
Für die Modelle auf dem Foto Seite 16/17, Mitte und rechts:
Edelrupfen (pro Täschchen ca. 15 x 30 cm)
Anchor-Sticktwist: sechsfädig (Farben siehe Angaben beim Zählmuster)
Baumwollstoff als Futter

Für die Modelle auf dem Foto Seite 16/17, links, und Seite 18:
Zählstoff aus Leinen oder Baumwolle, 10–12 Fäden/cm (pro Täschchen ca. 15 x 30 cm)
Anchor-Sticktwist: dreifädig (Farben siehe Angaben beim Zählmuster)
Baumwollstoff als Futter

Von solchen Umhängetaschen können kleine Mädchen oder angehende junge Damen gar nicht genug haben – am liebsten zu jedem Kleid eine passende. Aber auch zur Jeans sehen die Täschchen sehr pfiffig aus. Irgendwelche Kleinigkeiten hat man ja immer mitzunehmen, und sei es nur, um der Freundin mit dem hübschen Accessoire zu imponieren.

Diese kleinen Muster und der grobe Stoff eignen sich ideal für Kinder, erste Erfahrungen mit dem Kreuzstich zu machen. Wenn dann die Begeisterung fürs Sticken geweckt ist und das Erstlingswerk stolz ausgeführt werden kann, ist die Freude groß. Beim Füttern und Nähen hilft sicher die Mutter

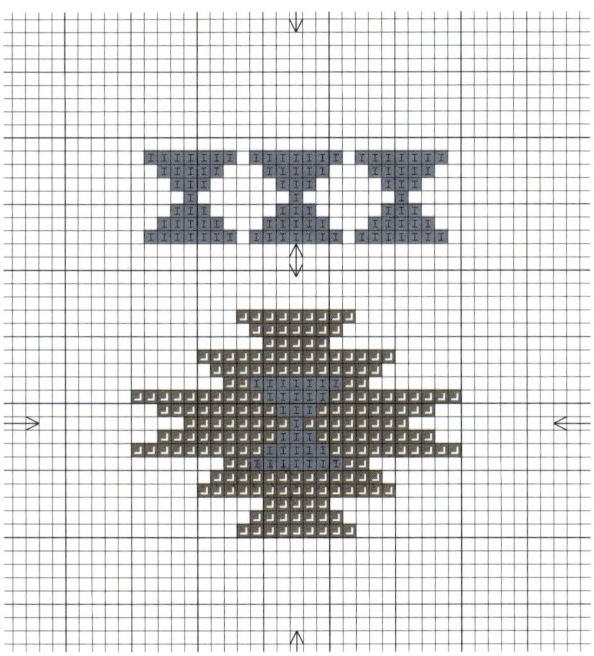

374
903
1015

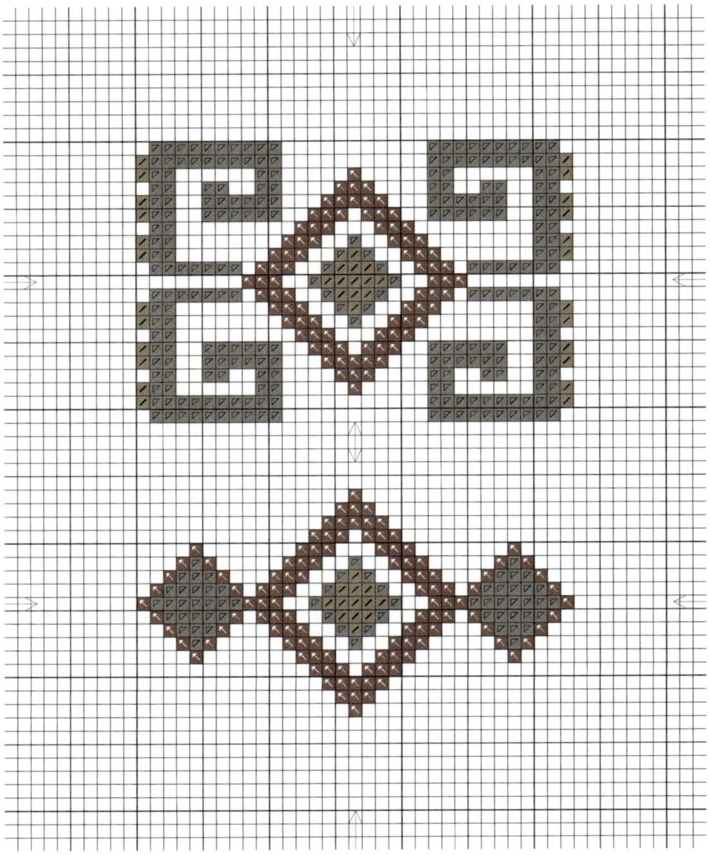

5975
940
898
906

oder die große Schwester: Die Täschchen bestehen einfach aus einem ca. 30 cm langen und 13 bis 15 cm breiten Stück Zählstoff, der zusammen mit dem Futter mit Streifen von Baumwollstoff eingefaßt wird. Anschließend wird der untere Teil nach oben geschlagen, so daß sich die Tasche bildet, und an den Seiten mit unsichtbaren Stichen zusammengenäht. Unter dem Bruch der Verschlußklappe wird der Umhängeriemen aus Baumwollstoff angenäht. Die Größe der Tasche und die Höhe der Verschlußklappe sind Geschmackssache und können auch entsprechend dem vorhandenen Material und dem gewählten Stickmuster variieren. Für die Täschchen eignen sich Reste von Zählstoffen ausgezeichnet.

Das aparte Muster auf diesem Täschchen finden Sie auf dem Tischläufer (Seite 46/47) wieder.

Originelle Flaschenverpackungen

Foto Seite 20/21

Material
Leinenband, zum Schlauch gewebt, mit farbigen Kanten *(Frankfurter Handarbeiten)*, ca. 40–45 cm pro Flasche
Anchor-Sticktwist: vierfädig (Farben siehe Angaben beim Zählmuster)
Kordel oder Band zum Verschließen

Finden Sie es auch reichlich phantasielos, die Flasche Wein, die Sie zu einer Essenseinladung mitbringen, in einen der üblichen schmalen Papierbeutel zu stecken? Mit einer selbstbestickten Verpackung ist Ihr Mitbringsel weit mehr als ein Verlegenheitsgeschenk.

Besonders praktisch: Es gibt jetzt bereits in Schlauchform gewebte Leinenbänder mit farbigen Kanten in der richtigen Größe für eine Flasche. Beim Sticken rollen Sie am besten den Teil auf, der gerade nicht bearbeitet wird, um an die Stickfläche heranzukommen. Auch begeisterte Anhänger des Stickrahmens müssen in diesem Fall aus der Hand sticken, denn Sie wollen schließlich nur eine Seite des Schlauches besticken und nicht beide Hälften durch die Stiche verbinden.

Die Unterkante des Schlauchs wird mit Handstichen oder mit einer Maschinennaht verschlossen. Oben wird der entstandene Sack mit einer Kordel oder einem Band zugebunden. Hübsch sieht eine selbstgedrehte Kordel aus farblich passendem Stickgarn aus.

::: weiß
216
218

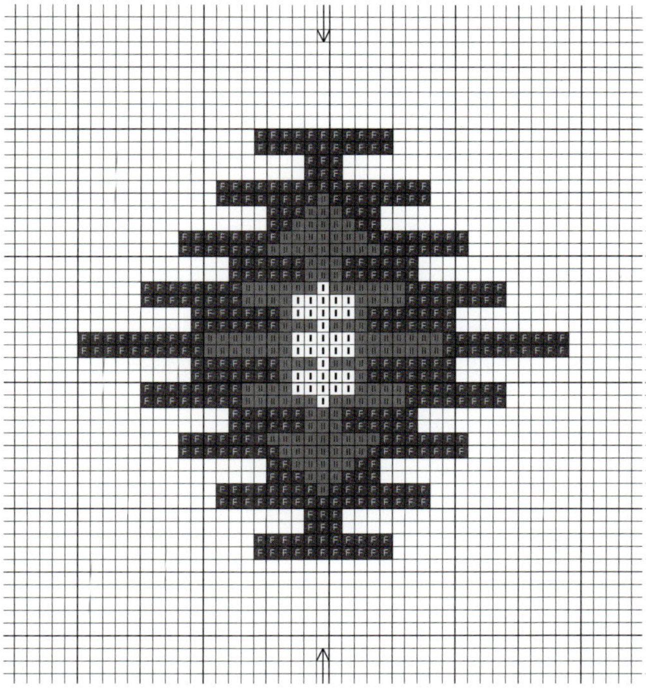

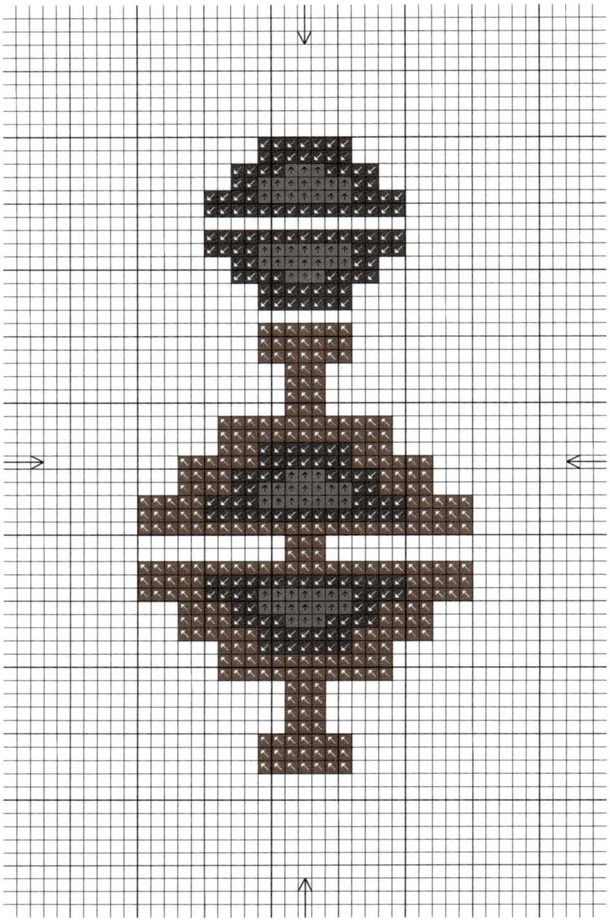

393
1015
905

1993
ROSSO
DI MONTALCINO
Denominazione di Origine Controllata
Imbottigliato all' origine da
GabriellaCristofolini Attanasio
Viticoltori
Montalcino - Italia
Prodotto in Italia
TENUTA
"LA FUGA"
Di questa annata sono state
prodotte 16.000 bottiglie. Questa è la
№ 006770
750 ml e
13,5% Vol.
Non disperdere nell' ambiente dopo l' uso

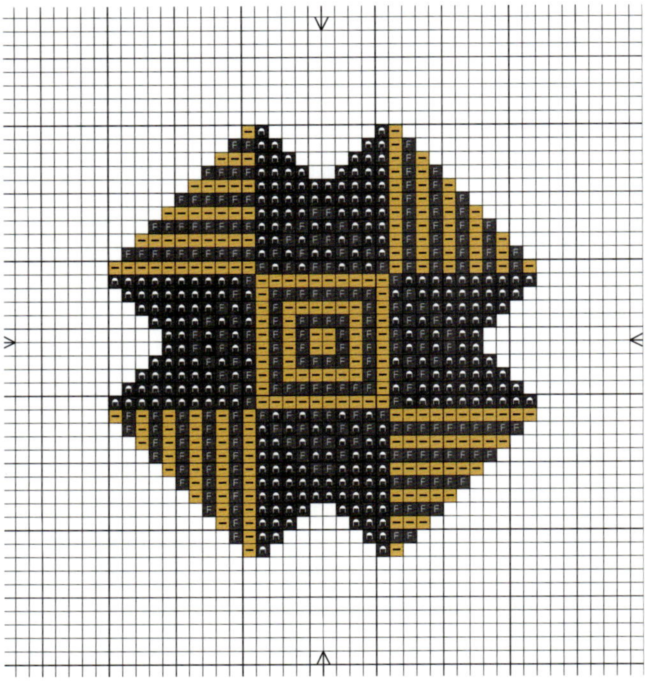

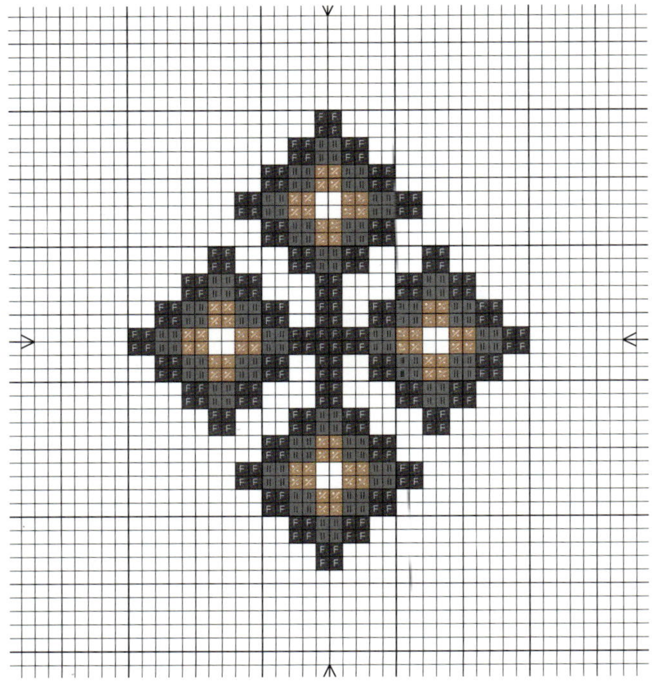

306
218
683

338
216
218

Probieren Sie ruhig auch andere Farbstellungen aus. Dieses Motiv von einem der Flaschensäckchen (Foto Seite 20/21, 2. von links), in elegantem Rosé und Grau gestickt, könnte beispielsweise eine Mitteldecke schmücken.

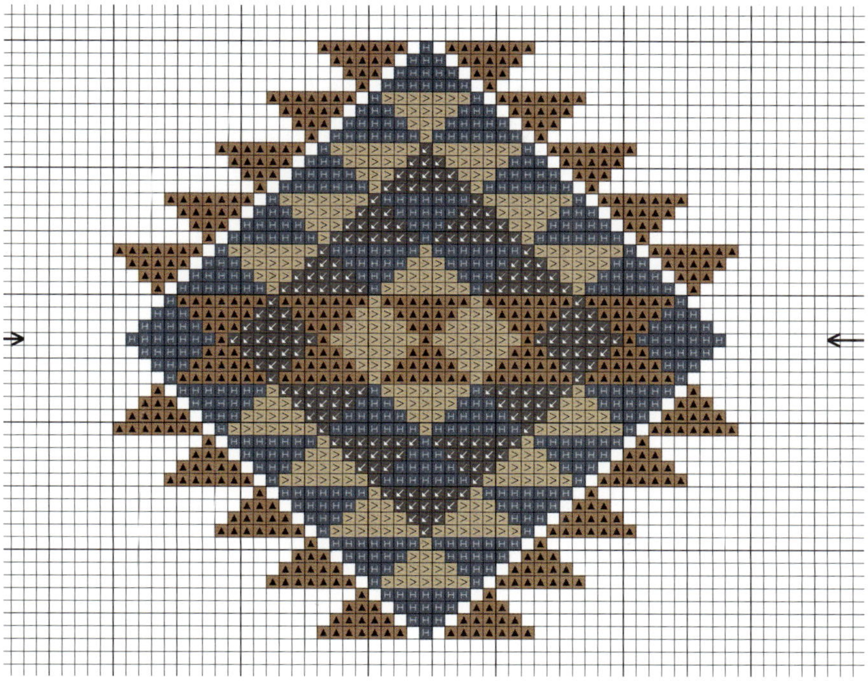

▒	368
▒	1004
▒	148
▒	905

▒	340
▒	403

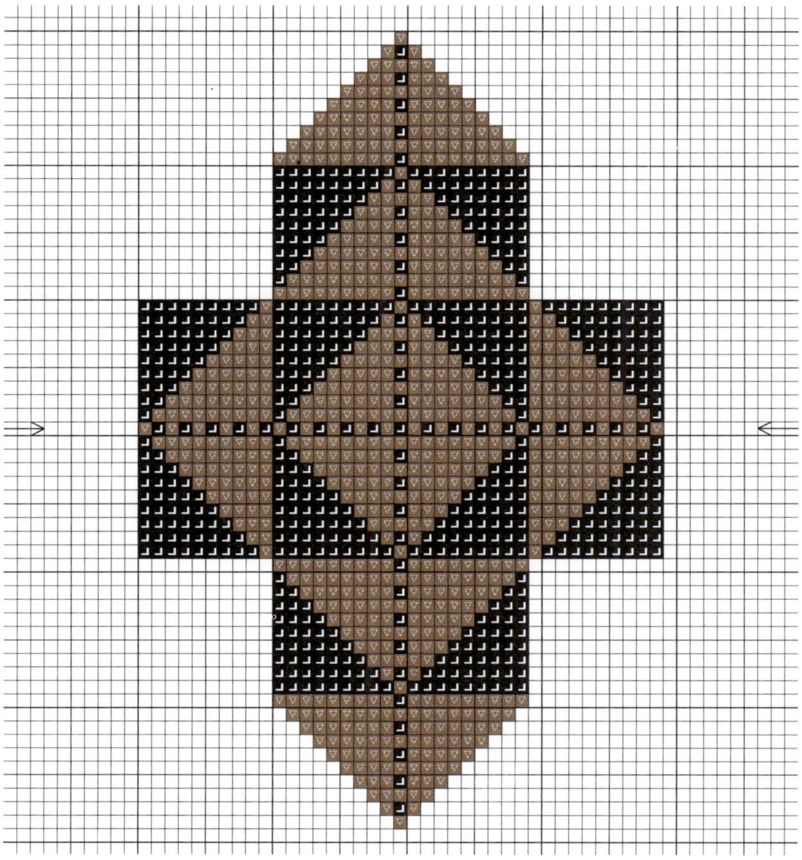

Ein Hauch von Exotik im ganzen Haus

Badezimmerset für Herrn

Material
Wäschesack aus Waffelpiqué
Handtuch, Gästetuch und Waschhandschuh aus Baumwoll-Frottée
Anchor-Sticktwist: schwarz (403), dreifädig

Das Durchschnittliche gibt der Welt ihren Bestand, das Außergewöhnliche ihren Wert.

Oscar Wilde

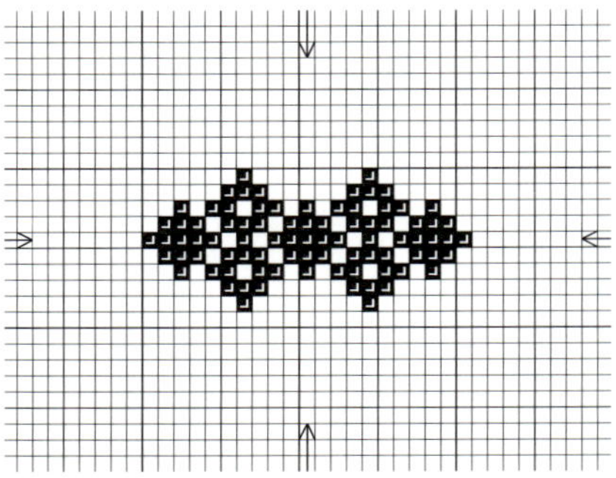

Unter diesem Aspekt werden Ihre bestickten Badezimmeraccessoires zum Muntermacher bei der Morgentoilette und schicken den Mann Ihres Herzens mit guten Gefühlen in den neuen Tag.

Wäschesack, Handtücher und Waschhandschuh gibt es als Fertigware im Handarbeitsfachhandel zu kaufen. Alle Teile haben einen eingewebten Aida-Streifen, der problemlos zu besticken ist. Sollten Sie die Artikel in Ihrem Handarbeitsgeschäft nicht finden, können Sie die Muster auf Aida-Bänder in passender Breite sticken, die Sie anschließend mit der Maschine auf einen selbstgenähten Wäschesack und beliebige Handtücher nähen.

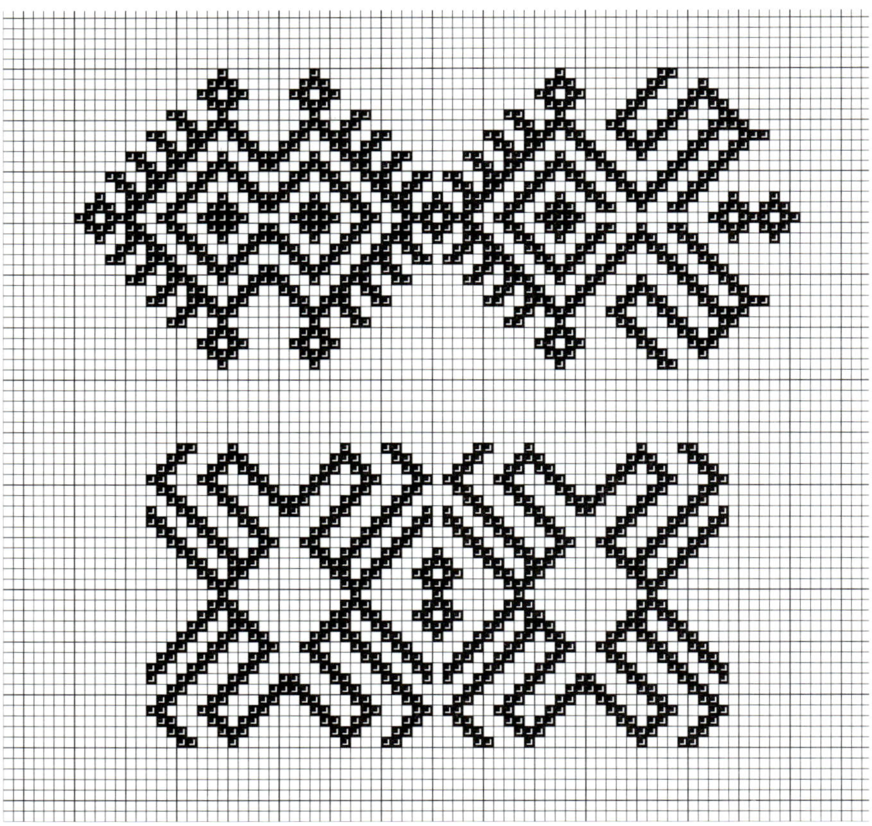

■ 403

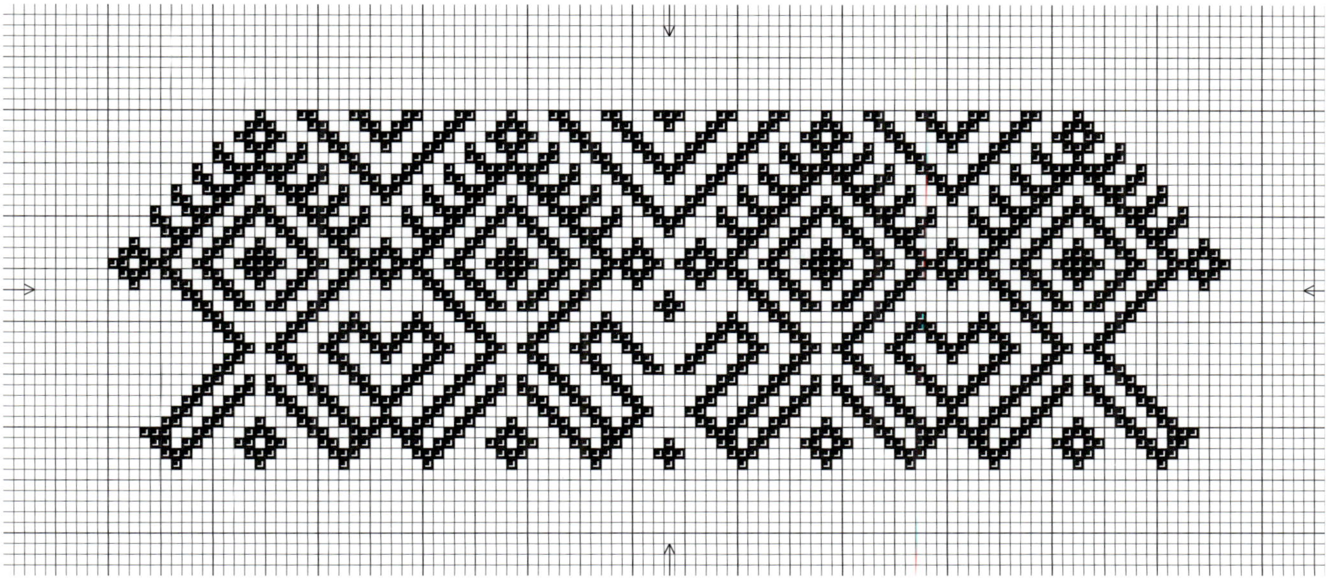

Zwei Küchentücher

Material
2 handgewebte Tücher aus reinem Leinen, ca. 47 x 66 cm (von *Margit Freydberg-Neuendorf,* siehe Bezugsquellen)
140 cm Leinenband, naturfarben, 7,5 cm breit, 12 Fäden/cm (*Rüsing-Leinen)*
Anchor-Sticktwist: weinrot (20), dreifädig

Die Beschäftigung mit den Mustern und Formen in der Textilgestaltung verschiedener Kulturen ist ausgesprochen spannend. Das Thema hat mich fasziniert und zu den Entwürfen in diesem Buch inspiriert – so zum Beispiel zu diesen grafischen Bordürenmustern, die ich auf Leinenbänder gestickt und anschließend auf wertvolle, handgewebte Tücher genäht habe: zwei Küchentücher der Extraklasse, die es verdienen, vor allzu derben Arbeiten verschont zu bleiben.

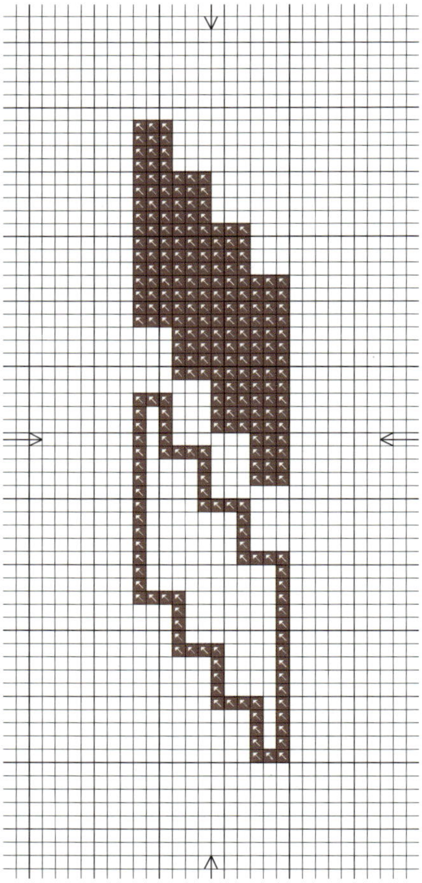

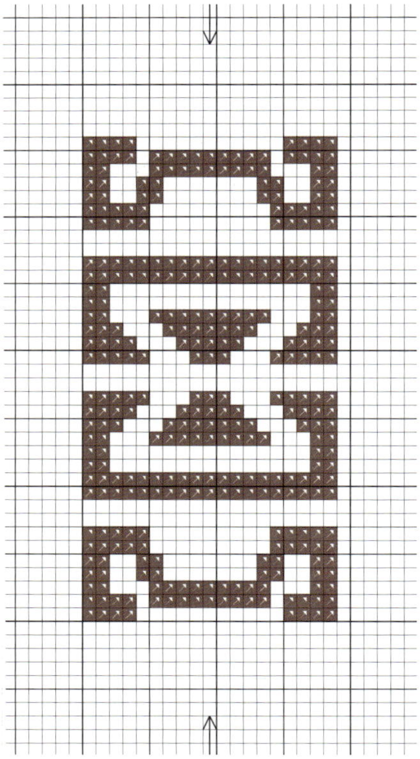

20

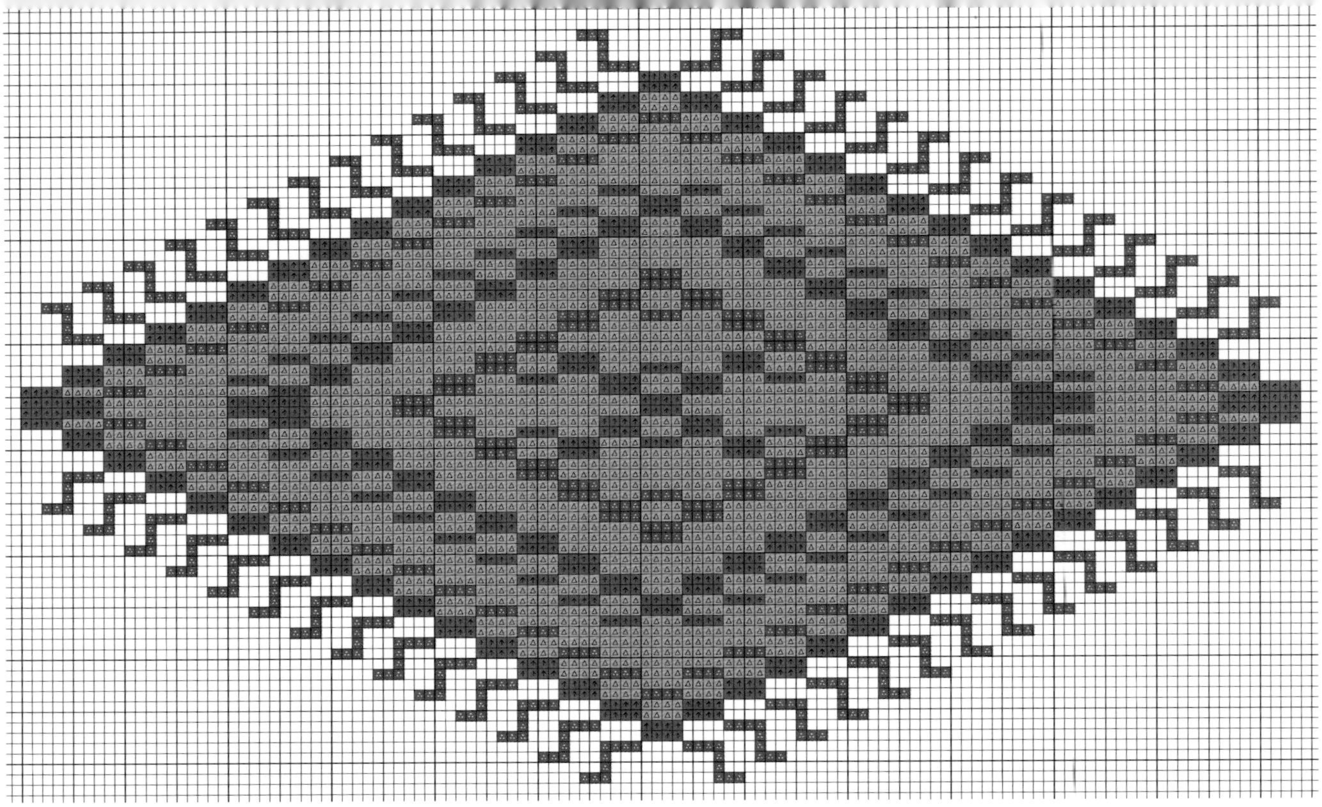

- 831
- 393
- 1014

- 391
- 393
- 379
- 20
- 905

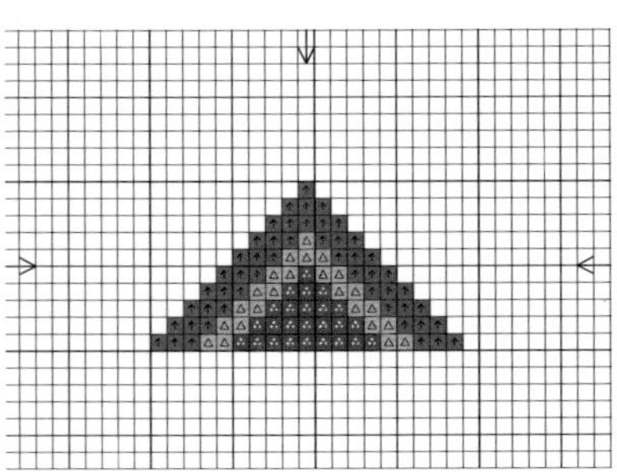

Stuhl und Fußschemel

Material
Leinen, rohweiß, 8 Fäden/cm (Maße entsprechend dem jeweiligen Stuhl bzw. Schemel)
Anchor-Sticktwist: vierfädig (Farben siehe Angaben beim Zählmuster)

Mit geschmackvollen Stickereien werden auch aus alten und unansehnlichen Möbeln wieder echte Prunkstücke. Diesen Stuhl überließ mir der Händler mit mitleidigem Blick für ein paar Mark. Neu aufgepolstert und mit extravaganter Stickerei bezogen, stellt er einen außergewöhnlichen Blickfang dar. Passend dazu habe ich einen einfachen Fußschemel mit einem Motiv bestickt, das wie das Dessin des Stuhles an die Muster traditioneller Kelims erinnert. Die dichten, geometrischen Muster, die vor allem auf dem Rhombus beruhen, dessen Rand mit »Haken« versehen ist, haben ihren Ursprung in den Balkanländern.

Die Sitzfläche des Stuhles ist mit dreieckigen Motiven eingerahmt, in denen die Farben der Stickerei auf der Rückenlehne in beliebiger Reihenfolge wiederkehren.

Zwei Stuhlkissen

Material
Für 1 Kissen:
80 cm Läuferware (Leinen), weiß mit eingewebten farbigen Rändern, 40 cm breit (*Vaupel & Heilenbeck*, siehe Bezugsquellen)
160 cm farblich passendes Band für 4 Bindebänder
Anchor-Sticktwist: dreifädig (Farben siehe Angaben beim Zählmuster)
Reißverschluß, 22 cm lang
Kissenfüllung (fertiges Kissen oder – für Sitzkissen – passender Schaumgummi-Zuschnitt)

Ein schönes Beispiel dafür, daß Ethno-Muster nicht unbedingt in Erdtönen gearbeitet sein müssen, liefern diese beiden Kissen. Die Farben wurden passend zu den dekorativen Webkanten des Stoffes und der Bindebänder ausgewählt.

Um die Bezüge fertigzustellen, schließen Sie die Seitennähte und nähen in die letzte offene Seite den Reißverschluß ein.

Rechts und links des Reißverschlusses fassen Sie jeweils zwei Bindebänder in der Naht mit. Die Kissen können Sie als Sitzkissen auf die Stühle legen oder mit den Bändern an die Rückenlehne anbinden.

57
147

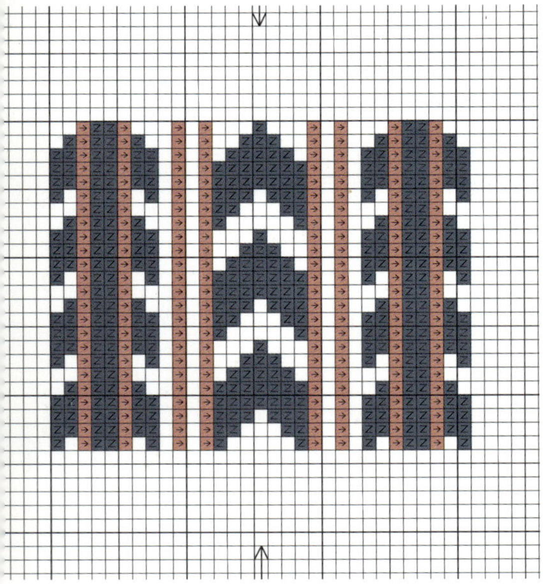

Oben: eine Variante des Musters auf dem Kissen von Seite 32 – diesmal ganz in strengem Schwarz-Weiß.

Kissen mit bestickter Schärpe

Material
20 x 56 cm Leinen, rohweiß, 8 Fäden/cm
20 x 56 cm Nessel als Futter
Anchor-Sticktwist: vierfädig (Farben siehe Angaben beim Zählmuster)
40 cm Klettband als Verschluß
Kissen (70 x 40 cm) mit passendem Bezug

Eine der liebenswertesten und zugleich ältesten Möglichkeiten, unsere Privatsphäre phantasievoll durch handwerkliches Können zu gestalten, ist die Stickerei, die Kunst,
»mit Nadel und Faden auf einem Gewebe Muster zu erzeugen, deren Elemente – die Stiche – als eine Art Mosaik in Fäden der künstlerischen Wirkung von Malerei und Plastik vergleichbar sind«,
wie wir in Meiers Konversationslexikon von 1905 lesen.

Die »Bauchbinde« für dieses längliche Kissen können Sie nach Herzenslust für eigene Muster- und Farbkombinationen nützen, für die Ihnen mein Entwurf als Anregung dienen soll. Experimentieren Sie mit Ihren Lieblingsmustern aus diesem Buch und mit Farben, die zu Ihrer Einrichtung passen.

Das abgebildete Kissen ist etwa 70 cm lang und 40 cm hoch. Der Bezug ist aus 40 cm breitem Halbleinen *(Frankfurter Handarbeiten)* genäht, das braun gefärbt wurde. Diese Maße können Sie aber selbstverständlich nach Belieben abwandeln oder einen fertig gekauften Kissenbezug verwenden.

Die Schärpe wird als längliches Rechteck mit dem Fertigmaß 16 x 52 cm gearbeitet und mit Nessel gefüttert. Ein Klettverschluß hält die Schärpe auf der Rückseite des Kissens zusammen, so daß sie jederzeit leicht abgenommen und gewaschen werden kann.

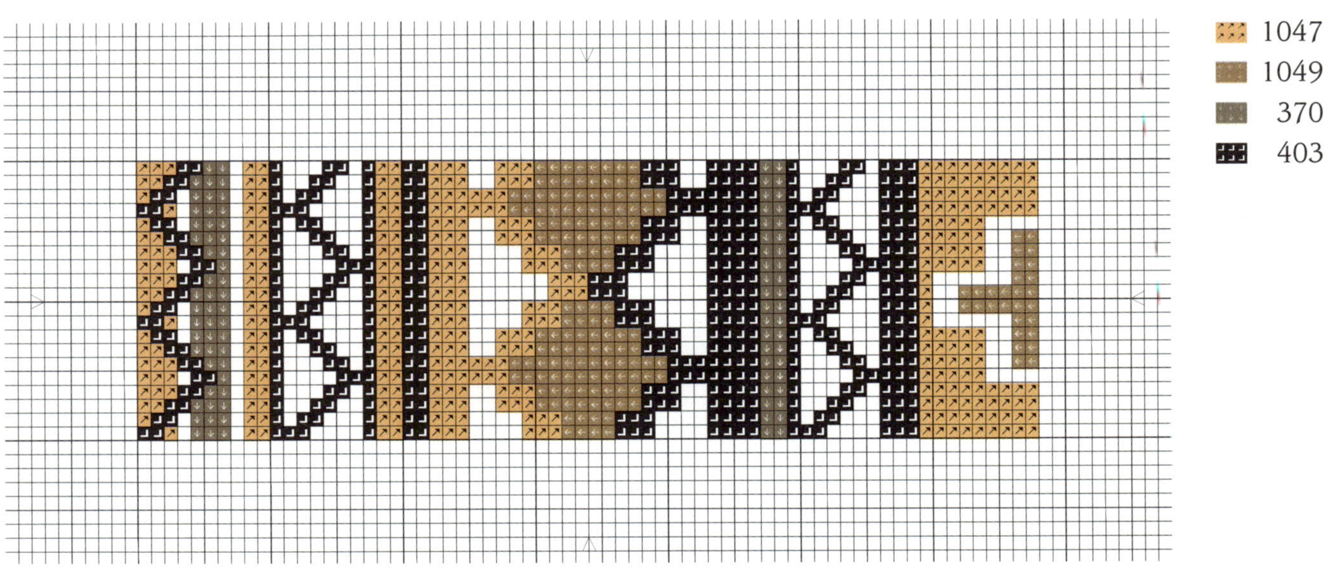

Kleine Karte!
Bunte Blattsalate mit Gemüsen und Sprossen
8.- DM
*
Winterliche Blattsalate mit gebratener Entenleber und Apfelsoße
14.- DM
*
Rinderkraftbrühe mit Pilzstrudel und Gemüse
9.- DM
Gebratene Maispoulardenbrust auf Gemüse - Pilzrisotto
20.- DM
*
Rinderlendensteak mit Senf - Zwiebelkruste, kleinem Gemüse und Kartoffelgratin
29.- DM
*
Lachs auf provencalische Art mit Blattspinat und Reis
27.- DM
*
Crêpes mit Orangensoße und Vanilleeis
9.- DM
*
Lauwarmes Apfelragout mit Walnußeis
9.- DM

Die Welt zu Tisch

Mitteldecke mit Irrgartenmuster

Material
Zählfelderdecke *»Malmö«*, elfenbein, 85 x 85 cm, mit eingewebten Aida-Streifen *(Frankfurter Handarbeiten)*
Anchor-Sticktwist: graubeige dunkel (393), vierfädig

Geometrische Muster lassen sich sowohl in der Höhe als auch in der Breite beliebig variieren. Um die Wirkung solcher Vergrößerungen auszuprobieren, kopiere ich ein einzelnes Motiv mehrfach und lege es wie ein Puzzle zusammen.

Das einfarbig gestickte Motiv auf dieser Mitteldecke erinnert entfernt an ein Labyrinth. Als Stickgrund habe ich eine fertig konfektionierte Decke mit den Maßen 85 x 85 cm verwendet. Ermitteln Sie durch Falten der Decke die Mitte jeder Seite, und beginnen Sie dort zu sticken. Das Rhombenmotiv erscheint auf jeder der vier Seiten des Quadrats dreimal.

393

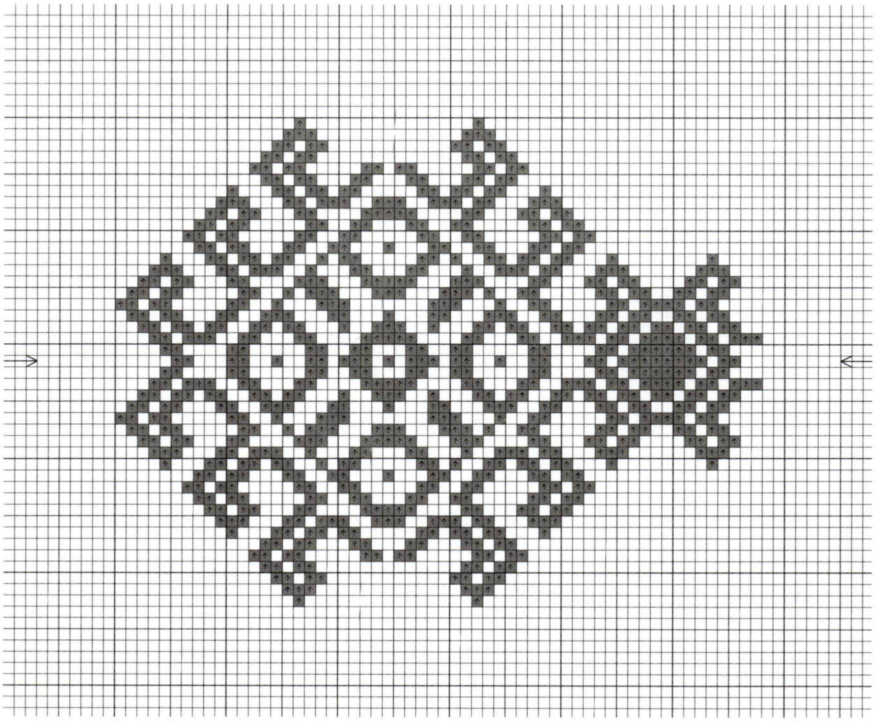

Mitteldecke mit keltischem Motiv

Material
Zählfelderdecke *»Malmö«*, elfenbein, 85 x 85 cm, mit eingewebten Aida-Streifen *(Frankfurter Handarbeiten)*
Anchor-Sticktwist: graubeige hell (393), vierfädig

Aus keltischer Zeit sind solche kunstvoll verschlungenen Knotenmotive bekannt. Mein Keltenknoten umfaßt 53 x 53 Kreuzchen und füllt damit genau die Eck-Quadrate der fertigen Zählfelderdecke aus. Besonders edel wirkt das raffinierte Motiv, wenn es Ton in Ton mit der Grundfarbe der Decke gestickt wird.

393

Mitteldecke und Tischset

Material
Mitteldecke mit Hohlsaum, Reinleinen, naturfarben, 70 x 70 cm (Sänger-Leinen)
Tischset mit Hohlsaum, Reinleinen, naturfarben, 34 x 44 cm (Sänger-Leinen)
Anchor-Sticktwist: schwarz (403), dreifädig

Durch afrikanische Kunst wurde ich zu dem Entwurf für das Muster auf dieser Mitteldecke mit passendem Tischset angeregt. Seinen besonderen Reiz bekommt es dadurch, daß bei jedem Rapport in der oberen und unteren Hälfte ein Streifen unbestickt bleibt, so daß die Linien des Musters durchbrochen erscheinen. Das Dessin wirkt dadurch nicht nur weniger schwerfällig, es ergeben sich auf diese Weise auch ganz neue Formen und Zusammenhänge. Ein so kraftvolles Muster wirkt am besten in ruhigen Farben, wie hier mit schwarzem Garn auf naturfarbenem Leinen.

▦ 403

Zwei Sets mit Serviettentaschen

Material
Modell von Seite 42:
Set, 34 x 44 cm, und Serviettentasche, 15 x 27 cm, beides aus Leinen, écru *(Sänger-Leinen)*
Anchor-Sticktwist: hellbraun (370), dreifädig

Modell von Seite 43:
Set, 39 x 39 cm, und Serviettentasche, 15 x 27 cm, beides aus Leinen, naturfarben *(Sänger-Leinen)*
Anchor-Sticktwist: dreifädig (Farben siehe Angabe beim Zählmuster)

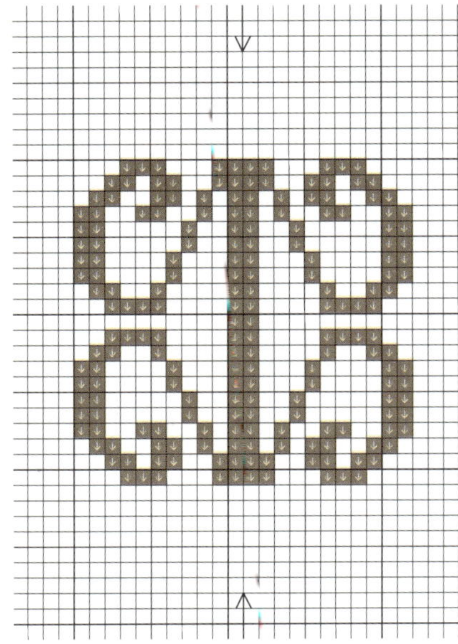

Die kleinen Motive auf diesen Kombinationen aus Sets und Serviettentaschen sind nicht nur ganz schnell zu sticken, sondern auch sehr vielseitig einsetzbar. Verwenden Sie sie einzeln oder in Reihen als Bordüre, sticken Sie einfarbig, oder nehmen Sie für jedes Element eine andere Farbe. Bei den

370

368

403

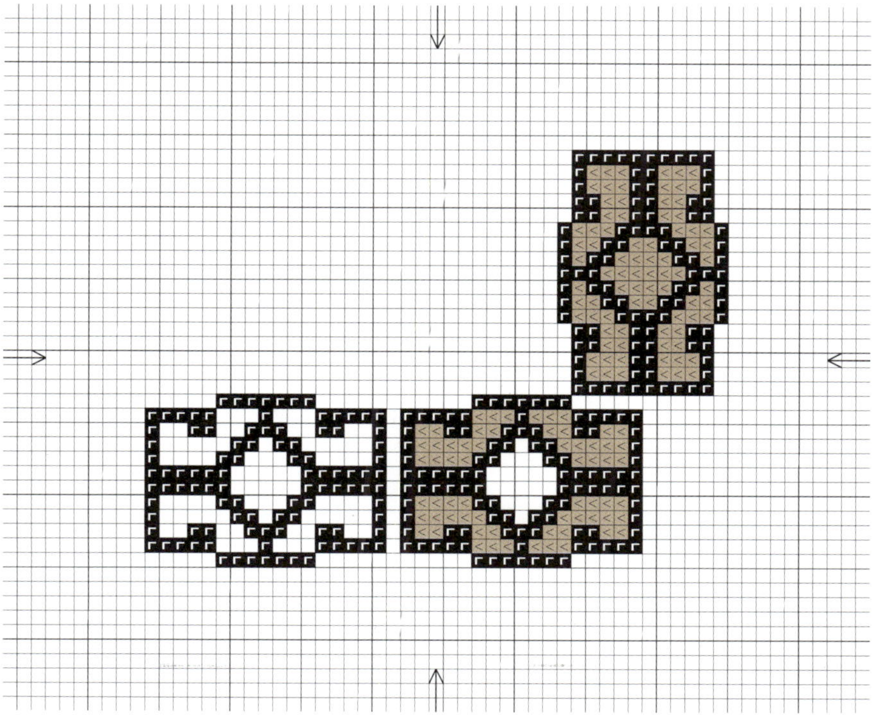

Modellen auf dem Foto unten habe ich einige Elemente mit zartem Rosé ausgefüllt, andere leer gelassen, so daß der naturfarbene Untergrund durchschimmert. Hübsch wirkt es, wenn Sie für jedes Familienmitglied Set und Serviettentasche von Seite 42 in einer anderen Farbe gestalten.

Drei Tischläufer

Material
Gestreifter Läufer mit Rhombenmuster (Seite 45 oben):
Gestreiftes Tuch aus reinem Leinen, ca. 52 x 72 cm, 75 cm Leinenband, rohweiß,10 cm breit, 10 Fäden/cm *(Rüsing-Leinen)*
Anchor-Sticktwist: dreifädig (Farben siehe Angaben beim Zählmuster)

Naturfarbener Läufer mit Rhombenmuster (Seite 45, unten):
Naturfarbenes Tuch aus reinem Leinen, ca. 52 x 72 cm, 75 cm Leinenband, rohweiß,10 cm breit, 10 Fäden/cm *(Rüsing-Leinen)*
Anchor-Sticktwist: dreifädig (Farben siehe Angaben beim Zählmuster)

Weißer Läufer mit Zackenbordüre (Seite 46/47)
1 m Läuferware (60 % Leinen/40% Baumwolle), weiß, 40 cm breit, 12 Fäden/cm (von *Frankfurter Handarbeiten,* siehe Bezugsquellen)
Anchor-Sticktwist: dreifädig (Farben siehe Angaben beim Zählmuster)

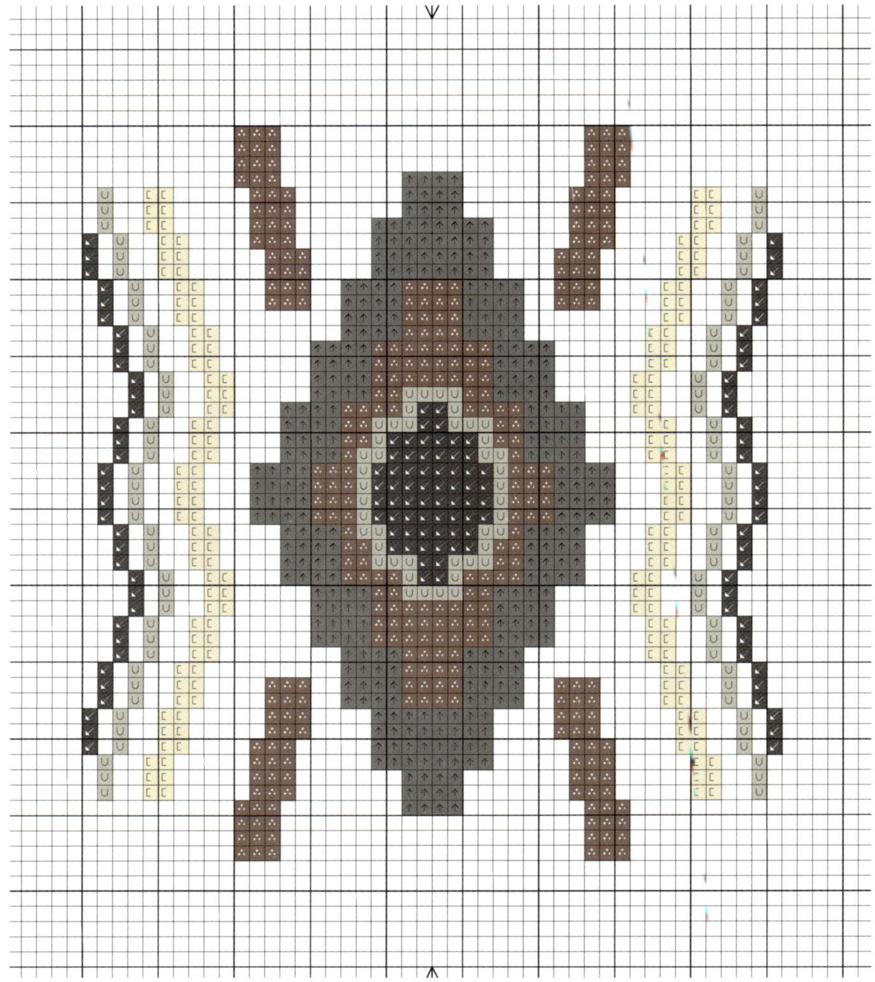

Läufer in beliebiger Größe sind auf Tischen und Anrichten ebenso dekorativ wie Decken. Beim Gestalten können Sie sich die Arbeit vereinfachen, indem Sie die gewählten Motive auf ein Leinenband sticken, das Sie später auf den Stoff aufnähen wie bei den Läufern aus kostbarem Leinen auf Seite 45. Das Bortenmuster auf Seite 46/47, das Sie auch auf dem Umhängetäschchen auf Seite 18 wiederfinden, wurde direkt auf Halbleinen gestickt, das es als 40 cm breite Meterware zu kaufen gibt.

885
391
393
1014
403

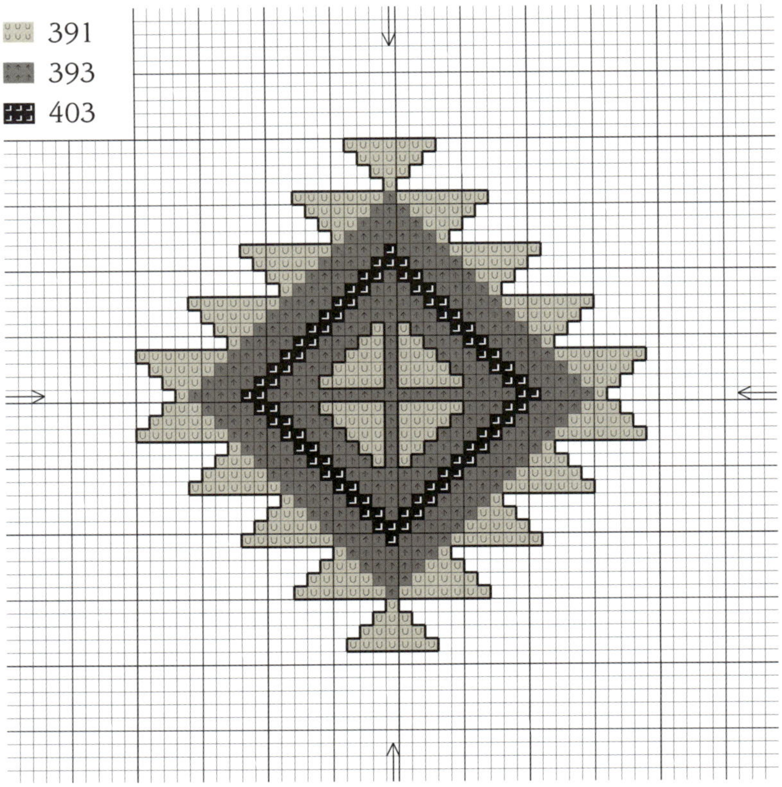
391
393
403

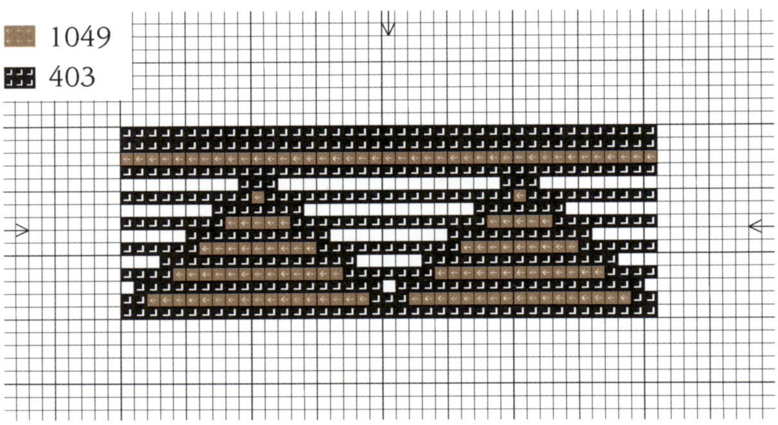
1049
403

Die Autorin

Einhelliges Lob und große Anerkennung für ihre Stickkunst erhält Ellen Moschitz von Presse und Publikum, wenn Sie Arbeiten aus ihren Kreuzstichbüchern der Öffentlichkeit vorstellt. Drei Bücher im Augustus Verlag (siehe Impressum) dokumentieren den künstlerischen Ideenreichtum der Osnabrückerin, die sich selbst als durch und durch musischen Menschen bezeichnet – verbrachte sie doch zehn Jahre ihres Berufslebens als Sängerin und Schauspielerin an deutschen Bühnen. Da wundert es nicht, daß in den Entwürfen von Ellen Moschitz Literaturzitate, Gedichtzeilen, Liedertexte, Komponistenporträts und Noten vorkommen.

Die von der Autorin organisierte, jährlich stattfindende Handarbeitsbörse »Nadel und Faden« in der Osnabrücker Stadthalle hat sich schnell bundesweit einen Namen gemacht und wurde zum Treffpunkt für Künstler, Designer, Autoren und Fachgeschäfte.

Bezugsquellen

Zählstoffe, Nadeln und Garne erhalten Sie in allen Handarbeitsfachgeschäften.
Die Hersteller nennen Ihnen gern Fachhändler in Ihrer Nähe, wenn Sie Ihrer Anfrage einen frankierten Rückumschlag beilegen.

Zählstoffe (Meterware und Fertigartikel):
Frankfurter Handarbeiten
Walter Emrich GmbH
Postfach 1242
74552 Crailsheim

Rüsing Leinenmanufaktur
Adlerstraße 21
33415 Verl

Vaupel & Heilenbeck GmbH & Co. KG
Hünefeldstraße 18a
42285 Wuppertal

Sänger-Leinen AG
CH – 3550 Langnau i.E.

Margit Freydberg-Neuendorf
Handwebmeisterin
Osnabrücker Straße 86
49324 Melle

Anchor-Sticktwist:
Coats Mez GmbH
Postfach 1179
79337 Kenzingen

Zinnbeschläge und Leinenbänder für Buchzeichen (s. S. 9ff.):
M. & H. Schaper GmbH & Co. KG
Kalandstraße 4
31061 Alfeld

Keramikschalen (s. S. 46/47):
Bernd Niehenke
Töpfermeister
Am Plessen 72
49205 Hasbergen

Danksagung

Alle Entwürfe in diesem Buch wurden ausschließlich mit

Anchor *Sticktwist*

von COATS **Coats Mez** gestickt.

Verlag und Autorin danken der Coats Mez AG, Kenzingen, für die freundliche Unterstützung. Dank geht außerdem an die Parfümerie Sammüller, Augsburg, die Dekorationsobjekte für die Fotoaufnahmen zur Verfügung stellte.
Die auf Seite 46/47 abgebildeten Keramikschalen hat Töpfermeister Bernd Niehenke, Hasbergen, passend zum Muster des Tischläufers und anderen Mustern von Ellen Moschitz gestaltet.

Die Deutsche Bibliothek –
CIP-Einheitsaufnahme
Kreuzstich-Ethnomuster:
Borten und Einzelmotive; farbige Zählvorlagen / Ellen Moschitz. – Augsburg: Augustus-Verl., 1996
ISBN 3-8043-0456-7

Im Augustus Verlag sind zwei weitere Bücher mit Kreuzstichmustern von Ellen Moschitz erschienen:

- Kreuzstich – Schleifen über Schleifen
- Kreuzstich weiß und blau

Fotografie: Klaus Lipa, Augsburg
Lektorat: Helene Weinold-Leipold
Zählmuster: Iris Mocker, Neuburg
Umschlaggestaltung: Christa Manner, München

Layout: Anton Walter, Gundelfingen

Augustus Verlag Augsburg 1996

Satz: Gesetzt aus Leawood Book 10 Punkt in Quark-X-Press von DTP-Design Walter, Gundelfingen
Reproduktion: GAV, Gerstetten
Druck und Bindung: Himmer, Augsburg

Gedruckt auf 120 g umweltfreundlich chlorfrei gebleichtem Papier.

ISBN 3-8043-0456-7

Printed in Germany